복음 생명

말씀과만남의 정신

도서출판 말씀과만남은 그리스도인들과 세상 모든 사람들이
하나님의 말씀과 만나 그 생각이 새로워지고 그 삶이 풍성해지도록 돕고 있습니다.

The Malsseum & Mannam Publishing House is helping Christians and men in the world to meet with God's Word so that they may have their spirits renewed and an the abundant life.

복음 생명

박영득 지음

1판 1쇄 / 2003. 10. 5
1판 4쇄 / 2007. 04. 5
발행처 / 말씀과만남
발행인 / 최 헌 근
등록번호 / 제20-444호
등록일자 / 1991. 6. 19

138-220 서울특별시 송파구 잠실동 339-3
Tel : (02) 3273-8369, Fax : (02) 3273-8367
전자우편 : mmpress@hanmail.net

ISBN 89-7508-094-3
      89-7508-093-5(전2권)

정가 : 2,500원

잘못된 책은 바꾸어 드립니다.

복음 생명

박영득 지음

말씀과만남

복음 생명 훈련 안내

① 복음 생명은 성도들의 신앙에 확고한 기초를 놓기 위해 집필했습니다. 공부를 못하는 이유는 기초가 약하기 때문입니다. 기초가 튼튼해야 좋은 집을 지을 수 있는 것처럼 신앙의 기초가 튼튼해야 건강하고 아름다운 신앙의 집을 지을 수가 있습니다.

② 인도자와 함께 공부하기 위해서 한 주일 동안 기도해야 합니다. 지나가는 기도가 아니라 중요한 기도 제목이 되어야 합니다. 기도하는 것만큼 옥토가 될 수 있습니다. 이 교재는 똑똑한 사람이 성공하는 것이 아니라 기도로 준비한 사람이 성공하는 것입니다.

③ 훈련에 있어서 가장 중요한 것은 성실입니다. 하나님은 성실한 자에게 은혜를 주십니다. 결석과 지각을 하지 마십시오. 언제나 별들처럼 약속한 시간을 지키십시오. 하나님께서는 반드시 이 교재를 통하여 은혜를 부어주실 것입니다.

④ 교재에 성경 말씀을 기록하는 것과 대답하는 것에 대해 최선을 다하십시오. 한꺼번에 하지 마시고 매일 매일 조금씩 하십시오. 준비하지 않으면 은혜가 반감됩니다.

⑤ 말씀을 가까이 하는 것이 복입니다. 하나님 나라에서 신사는 말씀을 가까이 하는 사람입니다. 천국은 침노하는 자의 것이라는 사실을 잊지 마시고 말씀의 천국을 침노하십시오.

차　례

기초가 튼튼해야 좋은 집을 지을 수 있는 것처럼 신앙의 기초가 튼튼해야 건강하고 아름다운 집을 지을 수 있습니다. 복음 생명은 신앙의 기초를 확실하게 하는 믿음의 반석입니다.

1 복음을 아십니까?

나는 중학생 때 한 자매로부터 '사랑한다'
는 한 통의 편지를 받고 그 편지를 읽는
순간 온몸에 전율을 느꼈습니다. 그리고
그 편지가 닳도록 읽고 또 읽었던 기억이
납니다.
고등학생 시절 성경 공부를 하다가 예수님
의 사랑에 대한 소식을 듣고 너무 감격한
나머지 만나는 사람들마다 예수님을 전했
던 일이 있습니다.
여러분은 그 감격을 경험하셨습니까?

복음의 개념

1. 복음이란 '기쁜 소식'(good news)이라는 뜻입니다.
   당신은 이 기쁜 소식을 들으셨습니까?

2. 천사가 목자들에게 약속한 것은 무엇입니까?

   ▸▸ 누가복음 2장 10절

3. 온 백성에게 미칠 큰 기쁨의 좋은 소식은 무엇입니까?

   ▸▸ 누가복음 2장 11절

복음의 핵심

1. 복음의 핵심은 예수 그리스도입니다. 우리를 영원한 저주로부터 구원하시기 위해서 이 땅에 오신 예수님을 믿는 것입니다.

   ▸▸ 요한복음 3장 16절

2. 복음의 핵심은 십자가입니다. 우리가 받아야 할 저주를 대신 받으신 십자가의 은혜를 믿는 것입니다.

▸▸ 로마서 5장 10절

3. 복음의 핵심은 부활입니다. 예수님의 부활은 잠자는 자들의 첫 열매가 되셨습니다.

▸▸ 고린도전서 15장 20절

나의 복음

1. 복음은 들어야 합니다. 여러분은 개인적으로 복음을 듣고 복음을 영접하였습니까?

▸▸ 로마서 10장 14절

2. 복음은 믿어야 합니다. 믿지 아니하는 것은 생명이 아닙니다.

▸▸ 로마서 1장 17절

3. 지금 죽어도 천국에 들어갈 수 있다는 확신이 있습니까?

▸▸ 확신이 있다 (   )   확신이 없다 (   )

마무리하면서

1. 새롭게 배우고, 새롭게 깨닫고, 새롭게 느낀 점을 나누십시오.

2. 복음이 무엇인지 15자 이내로 요약하십시오.

3. 요한복음 3장 16절을 암송하십시오.

"하나님이 세상을 이처럼 사랑하사 독생자를 주셨으니 이는 저를 믿는 자마다 멸망치 않고 영생을 얻게 하려 하심이니라"(요 3:16).

집사님 한 분이 목사님 힘내시라고 산삼을 선물해 주셨습니다.

산삼이 얼마나 귀합니까? 제가 먹기에 민망해 마침 성도 중 몸이 약한 분이 계셔서 드렸습니다.

산삼보다 더 귀한 것을 우리는 하나님께 받았습니다. 그것은 '천삼' 입니다.

산삼은 땅에서 나고 먹어도 죽지만, 하나님이 주신 천삼은 한 번만 먹으면 영원히 죽지 않는 삼입니다. 영원히 죽지 않는 천삼 드셨습니까?

구원받아야 할 이유

1. 의인이 아니기 때문입니다. 당신은 의인이 아니라는 말에 동의하십니까?

   ▸▸ 로마서 3장 10절

   ----

2. 죄인이기 때문입니다. 이 세상에서 죄를 범하면 법의 심판을 받는 것처럼 하나님 앞에서도 죄는 반드시 심판을 받습니다. 당신은 죄인입니까?

   ▸▸ 로마서 3장 23절

   ----

3. 심판이 있기 때문입니다. 하나님의 심판은 지옥입니다. 당신은 지옥이 있다고 믿습니까?

   ▸▸ 지옥이 있다 (   )   지옥이 없다 (   )   잘 모르겠다 (   )

   ▸▸ 로마서 6장 23절

해결해야 할 죄

1. 인간이 구원받기 위해 해결해야 할 죄는 무엇입니까?

▸▸ 요한복음 16장 9절

....

....

2. 다음의 말씀을 읽고 죄의 결과를 간단하게 요약하십시오.

▸▸ 로마서 6장 23절

....

....

▸▸ 골로새서 1장 21절

....

....

▸▸ 마태복음 25장 46절

....

....

▸▸ 요한복음 3장 36절

....

....

▸▸ 요한복음 3장 18절

....

....

3. 어떻게 우리를 망하게 하는 죄를 해결할 수 있습니까?

▸▸ 로마서 3장 22절

....

▸▸ 로마서 3장 25절

▸▸ 로마서 3장 26절

예수를 믿으면

1. 영원한 생명의 주인공이 됩니다.

▸▸ 요한일서 5장 12절

2. 하나님의 자녀가 됩니다.

▸▸ 요한복음 1장 12절

3. 하나님이 아버지가 되십니다.

▸▸ 로마서 8장 15절

1. 새롭게 배우고, 새롭게 깨닫고, 새롭게 느낀 점을 나누십시오.

....

....

....

2. 당신의 신앙고백을 간단하게 요약해서 기록하십시오.

....

....

....

3. 요한복음 1장 12절을 암송하십시오

"영접하는 자 곧 그 이름을 믿는 자들에게는 하나님의 자녀가 되는 권세를
주셨으니"(요 1:12)

3 확신이 있습니까?

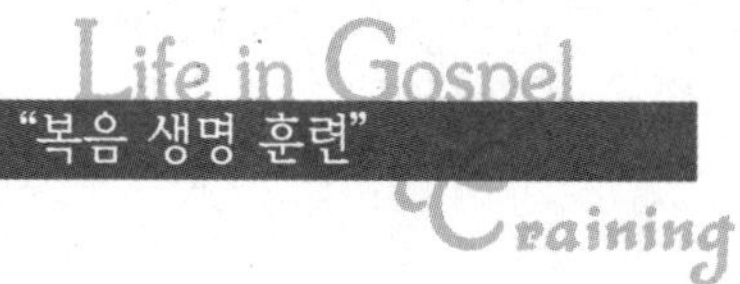

비행기에 대한 확신이 없는 사람은 비행기를 타지 않을 것입니다.

한강다리에 대한 확신이 없다면 한강다리를 건너지 않을 것입니다.

이처럼 확신은 행동을 결정합니다.

예수님에 대한 확신이 있습니까?

예수님께서 나를 구원하신 것에 대한 확신이 있습니까?

지금 죽어도 천국에 갈 수 있다는 확신이 있습니까?

구원의 확신

1. 남편에 대한 확신이 없는 아내, 아내에 대한 확신이 없는 남편, 생각만 해도 끔찍한 가정이 아닙니까?

2. 예수님은 우리의 신랑이고, 우리는 그분의 신부입니다. 당신은 당신의 신랑이신 예수님에 대해 확신이 있습니까? 솔직하게 대답해 보십시오.

   ▸▸ 확신이 있다 (   )   확신이 없다 (   )
   확신이 있는 것도 같고 없는 것도 같다 (   )

영생의 확신

1. 하나님은 우리가 영생의 확신을 가지기를 원하십니다.

   ▸▸ 요한일서 5장 13절

   ....

   ....

2. 당신 안에 예수님이 거하시는 것을 확실히 믿는 것이 확신입니다.

   ▸▸ 요한일서 5장 12절

   ....

   ....

구원 그 이후

1. 당신이 구원을 받았다면 그 구원이 소멸될 수도 있다고 생각하십니까? 당신의 생각을 기록해 보십시오.

  ▸▸ 소멸될 수도 있다 (   )   소멸될 수 없다 (   )

  ▸▸ 요한복음 10장 28절

  ▸▸ 히브리서 13장 5절

2. 로마서 8장 38-39절을 기록하고 큰 소리로 고백하십시오.

3. 요한복음 10장 28-29절을 읽고 ( )안에 자기 이름을 믿음으로 기록하십시오.

"내가 (   )에게 영생을 주노니 영원히 멸망치 아니할 터이요 또 (   )를 내 손에서 빼앗을 자가 없느니라. (   )를 주신 내 아버지는 만유보다 크시매 아무도 아버지의 손에서 (   )를 빼앗을 수 없느니라." 아멘.

마무리하면서

1. 새롭게 배우고, 새롭게 깨닫고, 새롭게 느낀 점을 나누십시오.

2. 구원에 대한 확신을 당신의 말로 기록하십시오.

3. 요한일서 5장 13절을 암송하십시오.

"내가 하나님의 아들의 이름을 믿는 너희에게 이것을 쓴 것은 너희로 하여
금 너희에게 영생이 있음을 알게 하려 함이라"(요일 5:13).

4 죄사함의 확신

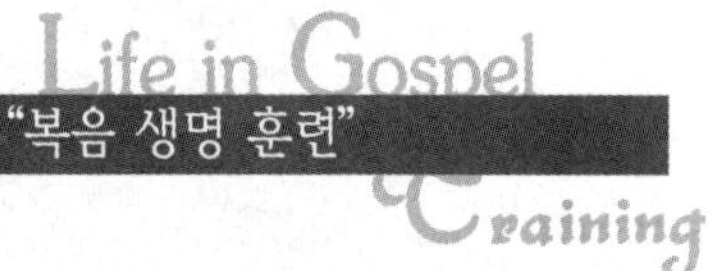

형제님 한 분이 심각한 얼굴로 찾아왔습니다.
"목사님, 제가 모 선교 단체에서 훈련을 받으면서 내적치유를 하는 시간에 저의 치명적인 죄를 모두 고백했습니다. 그래서 그 죄가 나와 상관이 없다고 생각했는데 어느 날인가부터 이 죄가 다시 기억나면서 저를 힘들게 합니다."

무엇이 문제입니까?

이 형제는 회개는 했지만 용서에 대한 확신이 없는 것입니다.

하나님과의 관계

1. 예수 그리스도를 영접했다는 말은 예수님과 관계를 맺었다는 말입
   니다. 성경은 이 사실을 이렇게 비유합니다.

   ▶▶ 요한복음 15장 5절

2. 그런데 많은 그리스도인들은 공통적으로 "내가 죄를 범하거나 하
   나님이 기뻐하시지 않는 일을 한다면 하나님과의 관계가 끊어지지
   는 않을까? 예수님이 내 삶에서 떠나시지는 않을까?" 하고 고민을
   합니다. 당신은 어떻게 생각하십니까?

   ▶▶ 관계가 끊어진다 (   )   관계가 끊어지지 않는다 (   )

3. 하나님과 우리의 관계는 부자관계와 같습니다. 아들이 집을 떠나
   고 아버지를 노엽게 했다고 해서 그 아들은 아버지의 아들이 아닐
   까요? 기억하십시다. 부자관계는 영원합니다. 아들의 행위가 어떠
   하든지간에 부자관계는 지속됩니다.

하나님과의 교제

1. 누가복음 15장의 탕자는 아버지의 곁을 떠나 죄를 범했지만 여전히
   아버지의 아들이었습니다. 그런데 문제가 무엇입니까? 그것은 바
   로 교제가 끊어진 것입니다.

2. 교제를 회복하는 길은 아버지 앞에 나와 잘못을 시인하고 용서를

받는 것입니다.

사죄의 약속

1. 아버지 앞에 나아가 죄를 고백하는 자에게 하나님은 어떤 분이십니까?

   ▸▸ 시편 86편 5절

2. 우리가 죄를 자백할 때 하나님이 약속하신 것은 무엇입니까?

   ▸▸ 요한일서 1장 9절

3. 우리의 죄가 용서받을 수 있는 근거는 무엇입니까?

   ▸▸ 이사야 53장 5절

   ▸▸ 에베소서 1장 7절

4. 죄를 고백한 후 완전히 용서받았음을 믿어야 합니다. 고백한 것에 대한 죄의식은 사탄이 주는 것입니다.

▸▸ 히브리서 10장 17-18절

....

....

▸▸ 히브리서 8장 12절

....

....

마무리하면서

1. 새롭게 배우고, 새롭게 깨닫고, 새롭게 느낀 점을 나누십시오.

....

....

....

2. 하나님과 여러분과의 관계를 간단하게 요약하십시오.

....

....

....

3. 요한일서 1장 9절을 암송하십시오.

"만일 우리가 우리 죄를 자백하면 저는 미쁘시고 의로우사 우리 죄를 사하시며 모든 불의에서 우리를 깨끗케 하실 것이요"(요일 1:9).

5 믿음으로 살리라

Life in Gospel
"복음 생명 훈련"
Training

결과가 있다는 것은 원인이 있기 때문입니다.
끝이 있다는 것은 시작이 있다는 말입니다.
열매는 나무가 있기 때문에 있는 것이고, 자녀는 부모가 있기 때문에 존재하는 것입니다.
우주라는 결과가 있습니다. 이것은 곧 우주의 원인이 있다는 말입니다. 철학에서는 이것을 '제일 원인'이라고 합니다. 제일 원인을 다른 말로는 '지존자'라고 합니다. 이 지존자를 '신'이라고 합니다. 이 '신'이 누구입니까?
바로 하나님이십니다.

믿음의 개념

1. 당신에게는 믿음이 있습니까? 있다면 그 믿음이 무엇인지 간단하게 정의해 보십시오.

   ▸▸ 믿음의 정의

2. 당신에게 믿음이 있다면 그 믿음이 당신 안에서 자란다고 생각하십니까?

   ▸▸ 내 믿음이 자란다 (   )   믿음이 안 자란다 (   )

믿음의 통로

1. 믿음은 하나님께서 사랑하는 자에게 주시는 선물입니다.

   ▸▸ 에베소서 2장 8절

2. 믿음의 어머니는 말씀입니다. 그러므로 말씀을 듣지 아니하면 믿음을 선물로 받을 수 없습니다.

   ▸▸ 로마서 10장 17절

믿음의 필요성

1. 믿음이 왜 필요한지를 확실히 알아야 합니다.

   ▸▸ 요한복음 3장 16절

   ....

   ....

   믿음이 필요한 두 가지 이유를 기록해 보십시오.

   ①

   ②

2. 믿음은 나를 위해서도 절대로 필요한 것이지만 하나님을 위해서도 절대로 필요한 것입니다.

   ▸▸ 히브리서 11장 6절

   ....

   ....

   상 주시는 이심을 믿는 것이 왜 중요합니까?

   ▸▸ 왜

   ....

   ....

참된 믿음

1. 참된 믿음이 행함으로 증명됩니다. 행함은 참된 믿음의 열매입니다.

   ▶▶ 야고보서 2장 17절

   ▶▶ 야고보서 1장 22절

2. 참된 믿음은 신령과 진정으로 예배를 드립니다. 예배는 믿음의 꽃입니다.

   ▶▶ 요한복음 4장 24절

3. 참된 믿음은 복음을 전합니다.

   ▶▶ 요한복음 4장 28절

성숙한 믿음

1. 성숙한 믿음은 내 뜻대로 살지 않고 하나님의 뜻대로 살려고 몸부림칩니다.

▸▸ 마태복음 26장 42절

....

....

2. 성숙한 믿음은 주님을 위해 고난받는 것을 기뻐합니다.

▸▸ 빌립보서 1장 12-14절

....

....

....

....

3. 당신의 믿음을 체크해 보시기 바랍니다.

▸▸ 성숙한 믿음 (   )   보통 믿음 (   )   연약한 믿음 (   )

마무리하면서

1. 새롭게 배우고, 새롭게 깨닫고, 새롭게 느낀 점을 나누십시오.

....

....

....

2. 믿음을 여러분의 말로 정의해 보십시오.

....

3. 로마서 10장 17절을 암송하십시오.

"그러므로 믿음은 들음에서 나며 들음은 그리스도의 말씀으로 말미암았느니라"(롬 10:17).

6 우리의 본향 천국

Life in Gospel "복음 생명 훈련" Training

아침에 일어나서 세상으로 나가 하루 종일 일하다가 저녁에는 집으로 돌아옵니다. 학생도 집으로 돌아오고, 직장인도 집으로 돌아옵니다.

집이 없이는 우리의 육신이 쉴 수도 없고, 살 수도 없습니다. 우리의 생명이 끝난 후 우리는 어디로 돌아갈까요? 하나님의 집으로 돌아갑니다.

하나님의 집은 구원받은 백성이 영원히 사는 곳입니다. 이곳을 천국이라고 합니다.

어떤 곳입니까?

1. 하늘 나라는 평화의 도성이요 하나님의 영광으로 충만한 곳입니다.

　▸▸ 누가복음 19장 38절

2. 하늘 나라는 거룩한 곳입니다.

　▸▸ 시편 20편 6절

하늘 나라의 비유

1. 하늘 나라는 낙원과 같은 곳입니다.

　▸▸ 고린도후서 12장 4절

2. 하늘 나라는 곡간과 같은 곳입니다.

　▸▸ 마태복음 3장 12절

3. 하늘 나라는 아버지의 집입니다.

▸▸ 요한복음 14장 2절

하늘 나라의 특성

1. "또 내가 보매 (   ) 성, 새 (   )이 하나님께로부터 하늘에서 내려오니 그 예비한 것이 신부가 남편을 위하여 (   )한 것 같더라"(계 21:2).

   다음은 천국에 대한 어떤 특성을 말하는 것입니까?

   ▸▸ 거룩한 성

   ▸▸ 새 예루살렘

   ▸▸ 신부가 남편을 위해 단장함

2. "그 성은 해나 달의 비췸이 쓸데없으니 이는 (   )이 비취고 어린 양이 그 등이 되심이라. 만국이 그 (   ) 가운데로 다니고 땅의 왕들이 자기 영광을 가지고 그리로 들어오리라"(계 21:23-24).

위 말씀을 묵상하고 천국의 특성을 기록해 보십시오.

▸▸ 천국의 특성

천국에 들어가기

1. 하나님의 나라는 거듭난 사람만이 들어가는 곳입니다.

▸▸ 요한복음 3장 5절

2. 하나님의 나라는 생명책에 기록된 사람들만 들어가는 곳입니다.

▸▸ 요한계시록 20장 15절

3. 당신은 지금 죽어도 천국에 들어갈 확신이 있습니까?

▸▸ 들어갈 수 있다 (   )   들어갈 수 없다 (   )   모르겠다 (   )

4. 당신의 이름이 생명책에 기록되었다고 확신하십니까?

▸▸ 기록되었다면 그 이유는

마무리하면서

1. 새롭게 배우고, 새롭게 깨닫고, 새롭게 느낀 점을 나누십시오.

2. '하늘 나라'에 대해서 사행시를 지어보십시오.

▸▸ 하

▸▸ 늘

▸▸ 나

▸▸ 라

3. 요한복음 3장 5절을 암송하십시오.

"예수께서 대답하시되 진실로 진실로 네게 이르노니 사람이 물과 성령으로 나지 아니하면 하나님 나라에 들어갈 수 없느니라"(요 3:5).

7 저주의 장소 지옥

법은 잘하는 것과 잘못하는 것이 무엇인가를 알게 해주는 기준이 됩니다. 잘하면 자유를 누릴 수 있고 잘못하면 법의 심판을 받아 감옥에 들어갑니다.

하나님의 말씀은 법입니다. 여기에는 잘함과 못함의 기준이 있습니다.

잘함이 무엇입니까? 예수를 믿는 것입니다. 잘못함이 무엇입니까? 예수를 믿지 않는 것입니다.

예수를 믿으면 잘했기 때문에 천국이란 상을 주고 예수를 믿지 않으면 잘못했기 때문에 벌을 받게 되는데 그 벌받는 곳이 지옥입니다.

지옥이란?

1. 지옥이란 어떤 곳인지 아십니까?
   예수님을 믿지 않는다는 단 하나의 이유로 유황 못에서 세세토록 고통을 당하는 곳입니다.

2. 당신은 지옥이 실제로 존재한다고 생각하십니까?

   ▸▸ 존재한다 (   ) 존재하지 않는다 (   ) 잘 모르겠다 (   )

3. 지옥을 '음부' 라고 합니다.

   ▸▸ 누가복음 16장 23절

   ....

   ....

구약에서 '음부' 는 무덤을 뜻하는 말입니다. 음부와 지옥의 비슷한 점을 기록해 보십시오.

음 부	지 옥

4. 지옥 백성들의 소원은 무엇일까요?

▸▸ 요한계시록 9장 6절

5. 지옥을 풀무불이라고 합니다.

▸▸ 마태복음 13장 50절

당신이 이곳에서 영원히 살아야 한다는 상상을 해보십시오.

지옥의 고통

1. 지옥은 슬피 울며 이를 가는 곳입니다.

▸▸ 마태복음 22장 13절

바깥 어두움은 무엇입니까?

지옥에서 하는 일은 무엇입니까?

2. 지옥은 풀무불 가운데서 고민하는 곳입니다.

　▸▸ 누가복음 16장 24절

부자의 소원은 무엇입니까?

누가 지옥으로 갑니까?

1. 악인과 하나님을 잊어버린 모든 열방이 지옥으로 갑니다.

　▸▸ 시편 9편 17절

2. 넓은 길로 가는 자, 넓은 문으로 들어가는 자가 지옥으로 갑니다.

　▸▸ 마태복음 7장 13-14절

지옥으로 가지 않으려면

1. 예수님을 믿어야 합니다.

　▸▸ 요한복음 3장 16절

2. 회개해야 합니다.

　▸▸ 베드로후서 3장 9절

마무리하면서

1. 새롭게 배우고, 새롭게 깨닫고, 새롭게 느낀 점을 나누십시오.

2. 여러분 주변에 지옥으로 가고 있는 불쌍한 영혼들의 이름을 기록
   해 보십시오.

3. 시편 9편 17절을 암송하십시오.

"악인이 음부로 돌아감이여 하나님을 잊어버린 모든 열방이 그리하리로다"
(시 9:17).

8 그리스도인의 양식

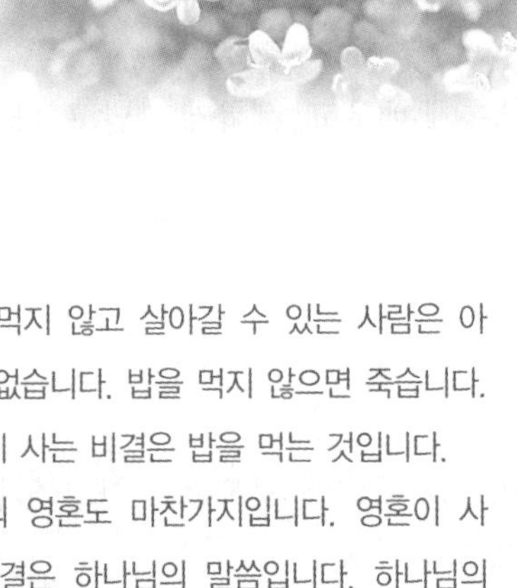

밥을 먹지 않고 살아갈 수 있는 사람은 아무도 없습니다. 밥을 먹지 않으면 죽습니다. 육신이 사는 비결은 밥을 먹는 것입니다. 우리의 영혼도 마찬가지입니다. 영혼이 사는 비결은 하나님의 말씀입니다. 하나님의 말씀을 먹어야 영혼이 삽니다. 말씀은 우리 영혼의 양식입니다. 들음으로 먹고, 읽음으로 먹고, 배움으로 먹어야 합니다.

성경이란?

1. 하나님의 말씀은 진리입니다.

▸▸ 요한복음 17장 17절

진리란 변하지 않는 것을 말합니다. 그렇기 때문에 진리인 성경은 믿을 수 있습니다.

2. 하나님의 말씀은 '구원의 투구' 와 '성령의 검' 입니다.

▸▸ 에베소서 6장 17절

3. 하나님의 말씀은 우리 영혼의 떡입니다.

▸▸ 마태복음 4장 4절

말씀이 우리 영혼의 떡이라 믿는 사람은 날마다 영을 살리려고 말씀을 읽습니다. 당신은 말씀을 읽습니까?

▸▸ 매일 읽는다 (   )   가끔 읽는다 (   )   읽지 않는다 (   )

왜 성경을 읽지 않습니까?

▸▸ 바빠서 (   )   재미가 없어서 (   )   믿어지지 않아서 (   )

성경의 독특성

1. 성경은 하나님의 감동으로 기록되었습니다.

    ▸▸ 디모데후서 3장 16절

2. 성경은 사람의 생각을 기록한 것이 아니라 하나님의 사람들이 하나님께 받아서 말하고 기록한 것입니다.

    ▸▸ 베드로후서 1장 21절

3. 말씀의 핵심적인 사역을 기록해 보십시오.

    ▸▸ 시편 19편 7-8절

말씀의 축복

1. 다음 말씀을 읽고 말씀의 축복을 기록하십시오.

    ▸▸ 요한복음 8장 31절

▸▸ 요한복음 8장 32절

▸▸ 요한복음 15장 7절

▸▸ 베드로전서 2장 2절

▸▸ 로마서 10장 17절

▸▸ 요한복음 15장 5절

2. 말씀을 가까이 하는 자들에 대한 약속은 무엇입니까?

▸▸ 요한복음 14장 21절

말씀으로 성육신 하기

1. 하나님의 말씀을 듣는 것이 왜 중요합니까?

▸▸ 로마서 10장 17절

----

2. 하나님의 말씀은 평생 나의 가장 가까운 곳에 두어야 합니다.

▸▸ 신명기 17장 19절

----

3. 주의 말씀을 나의 마음에 두어야 합니다.

▸▸ 시편 119편 11절

----

4. 하나님의 말씀은 주야로 묵상해야 합니다.

▸▸ 시편 1편 2-3절

마무리하면서

1. 새롭게 배우고, 새롭게 깨닫고, 새롭게 느낀 점을 나누십시오.

----

2. 성경이 무엇인지 여러분의 말로 기록하십시오.

....

....

....

3. 로마서 10장 17절을 암송하십시오.

"그러므로 믿음은 들음에서 나며 들음은 그리스도의 말씀으로 말미암았느
니라"(롬 10:17).

9 하나님께 무릎꿇기

부교역자로 시무할 때의 일입니다. 갑자기 돼지고기가 먹고 싶어서 "하나님, 오늘은 돼지고기가 먹고 싶어요." 했는데 집사님에게서 전화가 왔습니다.

태능 돼지갈비집에서 점심을 대접한다는 것입니다. 돼지갈비를 얼마나 맛있게 먹었는지 모릅니다. 저녁 때가 되었는데 권사님이 딸을 통해 돼지고기를 사서 보내셨습니다. 한 마디를 했는데 하나님께서 풍성하게 응답해 주셨습니다. 이것이 기도입니다. 기도는 너무너무 재미있는 것입니다.

기도란 무엇입니까?

1. 당신이 생각하는 기도의 정의를 기록해 보십시오.

....

....

....

2. 다음은 하나님의 사람들이 내린 기도의 정의입니다. 읽고 무슨 의
   미인지 묵상해 보십시오.

> "기도란 살아있는 영과 하나님과의 만남이다." (E. M. 바운즈)
>
> "기도란 전능하신 하나님을 움직이는 미세한 신경이다." (스펄전)
>
> "기도는 문제를 해결하는 해결사이다." (R. A. 토레이)

왜 기도해야 합니까?

1. 우리는 불완전하기 때문에 필요한 것이 많습니다. 그 필요한 것을
   구하기 위해서 기도해야 합니다.

   ▸▸ 마태복음 7장 7절

....

....

2. 우리는 연약하기 때문에 사탄의 유혹을 이길 수 없습니다. 그러므
   로 원수의 유혹을 이기기 위해서 기도해야 합니다.

   ▸▸ 마태복음 26장 41절

....

3. 바다에 파도가 있듯이 우리 인생 항로에도 때때로 파도가 있습니다. 이 파도를 이기기 위해서 기도해야 합니다.

　▸▸ 시편 50편 15절

기도의 태도

1. 염려하지 말고 기도해야 합니다. 염려는 기도의 적입니다. 하나님께서 이루어 주실 것을 믿고 감사함으로 기도해야 합니다. 왜냐하면 믿음의 기도를 응답해 주시기 때문입니다.

　▸▸ 빌립보서 4장 6절

2. 마태복음 6장 5-7절을 읽고 기도에 대한 올바른 태도를 기록해 보십시오.

3. 예수님께서는 어떻게 기도하셨습니까?

▶▶ 누가복음 22장 44절

....

....

4. 기도는 이루어질 때까지 해야 합니다. 누가복음 18장 1-8절에 하
   나님께서는 누구의 기도를 들어 주신다고 했습니까?

....

....

응답받는 기도

1. 요한복음 15장 7절을 기록하고 응답받는 기도의 조건을 묵상하십
   시오.

   ▶▶ 요한복음 15장 7절

   ....

   ....

   응답의 두 가지 조건

   ....

   ....

2. 응답받는 조건을 찾아서 기록하십시오.

   ▶▶ 요한일서 5장 14-15절

   ....

   ....

응답의 조건

3. "너희가 (　　　)할 때에 무엇이든지 (　　　) 구하는 것은 다 (
　　) 하시니라"(마 21:22).

기도의 축복

1. 하나님은 믿음으로 기도하는 성도들에게 풍성하게 공급하십니다.

▶▶ 빌립보서 4장 19절

2. 시편 32편 6-8절을 읽고 무릎꿇는 자에게 하나님이 행하시는 세 가지 일들을 기록해 보십시오.

▶▶ 6절

▶▶ 7절

▶▶ 8절

1. 당신의 기도생활을 솔직히 고백해 보십시오.

2. 당신의 기도 제목을 10가지만 기록해 보십시오.

3. 마태복음 7장 7절을 암송하십시오.

"구하라 그러면 너희에게 주실 것이요 찾으라 그러면 찾을 것이요 문을 두드리라 그러면 너희에게 열릴 것이니"(마 7:7)

10 우리 안에 계신 성령님

신앙생활의 핵심을 두 가지로 요약하면, 첫째는 믿는 것이고, 둘째는 믿는 대로 사는 것입니다. 그런데 믿는 것과 사는 것은 우리의 힘으로는 불가능한 것입니다.
어떻게 믿을 수 있습니까? 성령님입니다. 어떻게 살 수 있습니까? 성령님입니다.
성령님은 우리 안에 오셔서 예수님이 어떤 분이신지를 믿게 하시고 그분의 뜻대로 살게 하십니다. 신앙생활은 성령님으로만 가능한 것입니다.

성령님은 누구십니까?

1. H_2O는 물이요, 얼음이요, 수증기이듯이 하나님은 아버지이시요, 아들이시요, 성령님이십니다. 이것을 신학적인 용어로는 삼위일체 하나님이라고 합니다.

   당신은 삼위일체 하나님에 대해서 어떻게 생각하십니까?

   ▶▶ 믿는다 (   )   잘 모르겠다 (   )   못 믿겠다 (   )

2. 사도행전 5장 3-4절에서 성령과 하나님에 대해서 무엇이라고 말씀히 십니까?

   ▶▶ 성령은 하나님이시다 (   )   성령은 하나님이 아니다 (   )

누가 성령님을 모셨습니까?

1. 하나님이 우리 마음 가운데 보내 주신 것은 무엇입니까?

   ▶▶ 갈라디아서 4장 6절

   ....

   ....

   '아들의 영' 을 보내 주신 목적에 ○표를 하십시오.

   ▶▶ 하나님의 아들임을 알게 하기 위하여 (   )
   ▶▶ 하나님이 아버지이심을 알게 하기 위하여 (   )

2. 어떻게 영적인 사람이 될 수 있습니까?

▸▸ 로마서 8장 9절

하나님의 영과 그리스도의 영을 무엇이라고 합니까?

▸▸ 무엇

3. 당신 안에 성령님이 계신다는 확신이 있습니까?

▸▸ 확신이 있다 (　　　　) 　확신이 없다 (　　　　)

확신이 있다면 그 이유는?

성령님은 무엇을 하십니까?

1. 성령님은 우리를 거듭나게 하십니다.

▸▸ 요한복음 3장 5절

우리의 육신은 육신의 부모로부터 태어났지만 우리의 영혼은
(　　　　　　　)으로 태어납니다.

2. 성령님은 우리의 연약함을 도우십니다.

▶▶ 로마서 8장 26절

우리의 연약함을 돕는다는 말과 우리를 위해 간구하신다는 말은 무슨 연관이 있습니까?

3. 성령님은 우리를 진리 가운데로 인도하십니다.

▶▶ 요한복음 16장 13절

4. 성령님은 하나되게 하십니다.

▶▶ 에베소서 4장 3절

성령님은 하나님과 하나되게 하고, 공동체와 하나되게 합니다.

마무리하면서

1. 새롭게 배우고, 새롭게 깨닫고, 새롭게 느낀 점을 나누십시오.

2. 삼위일체를 여러분의 말로 정의해 보십시오.

3. 갈라디아서 4장 6절을 암송하십시오.

"너희가 아들인 고로 하나님이 그 아들의 영을 우리 마음 가운데 보내사 아바 아버지라 부르게 하셨느니라"(갈 4:6).

11 그리스도인의 교제

성도가 신앙생활을 건강하게 하기 위해서는 몇 가지 조건이 필요합니다.

첫째는 하나님과의 관계입니다. 지속적인 하나님과의 관계가 없이는 하나님과 가까워질 수 없습니다.

둘째는 목회자와의 관계입니다. 목회자와의 관계가 깨어지면 말씀을 들을 수가 없습니다.

셋째는 성도와의 관계입니다. 다른 성도들과 교제가 단절되어 혼자 예배드리는 사람은 건강한 교회생활을 할 수 없습니다.

지체의식

1. 당신이 소속된 교회와 당신이 소속된 기관에 대해서 하나님은 무엇이라고 말씀하십니까?

   ▸▸ 고린도전서 12장 27절

2. 당신의 몸인 교회와 기관에 대한 고백을 진실하게 기록하십시오.

   ▸▸ 교회

   ▸▸ 기관

몸의 필요성

1. 에베소서 4장 15-16절을 읽고 몸의 필요성을 기록해 보십시오.

2. 전도서 4장 9-12절을 읽고 몸의 필요성을 기록해 보십시오.

▸▸ 10절

▸▸ 11절

▸▸ 12절

몸의 교통

1. 누가 교통할 수 있습니까?

▸▸ 사도행전 2장 38절

2. 구체적으로 이들이 교통한 것은 무엇입니까?

▸▸ 사도행전 2장 44절

여러분이 가지고 있는 것 중에 형제에게 나누고 싶은 것이 있습니까?

▸▸ 사도행전 2장 45절

당신의 재정으로 몸 안에 필요한 사람에게 나누어 보십시오.

▸▸ 사도행전 2장 46절

당신은 당신의 몸에 대해서 성실하십니까?

3. 이것이 참된 교통입니다. 아름다운 몸의 특징입니다.

▸▸ 고린도전서 12장 26절

4. 교통은 하나님과 하나되고, 교회와 하나되고, 당신이 속한 기관과 하나되는 것입니다.

▸▸ 에베소서 4장 3절

하나됨을 위하여 필요한 것은 무엇입니까?

▸▸ 에베소서 4장 2절

교통의 적들

1. 아래의 글들은 교제하는데 방해가 되는 요소들입니다. 당신에게 해
   당되는 부분을 체크해 보십시오.

   ▸ 이기주의 (자기 중심적인 태도) (   )

   ▸ 열등의식   (   )

   ▸ 교만 (자기 자신을 높임, 몸이 시시하게 느껴짐) (   )

   ▸ 더 좋은 모임이 있어서   (   )

   ▸ 유익이 없어서   (   )

마무리하면서

1. 새롭게 배우고, 새롭게 깨닫고, 새롭게 느낀 점을 나누십시오.

   ....

   ....

   ....

2. 당신의 몸을 위해 헌신해야 할 일들을 기록해 보십시오.

   ....

   ....

   ....

3. 고린도전서 12장 27절을 암송하십시오.

   "너희는 그리스도의 몸이요 지체의 각 부분이라"(고전 12:27).

12 우리의 사명

Life in Gospel
"복음 생명 훈련"
Trainin

하나님께서 모든 그리스도인에게 주신 가장 큰 사명이 있습니다. 그것은 선교입니다. 이유없이 모든 사람은 선교사가 되어야 합니다. 한국에 있든지 외국에 있든지 선교사가 되어야 합니다. '나는 선교사다' 라는 강한 의식을 가지고 있어야 합니다. 이 선교사 의식으로 하루하루를 살아야 합니다. 우리는 선교를 위해서 태어난 사람이고, 선교를 위해 주님께서는 우리를 구원해 주셨습니다.

1. 예수님의 유언이기 때문입니다.

  ▸▸ 마태복음 28장 19-20절

  ....

  ....

    청개구리도 유언을 지켰습니다. 그러므로 전도하지 않는다면
    (   )보다 못한 사람일 수 있습니다.

  ▸▸ 내가 지금까지 전도한 사람은 (   )명입니다.

2. 과일나무를 향한 농부의 관심은 오직 열매입니다.

  ▸▸ 요한복음 15장 8절

  ....

  ....

    하나님은 농부이고 우리는 세상에 심겨진 과일나무입니다. 그러므
    로 하나님은 우리에게 (   )를 요구하십니다.

    우리가 맺어야 할 열매는 무엇입니까?

  ▸▸ 잠언 11장 30절

  ....

  ....

효과적으로 전도하기

1. 복음은 내 힘으로 전할 수 없습니다.

  ▸▸ 사도행전 1장 8절

2. 복음은 내가 만난 그분을 말하는 것입니다. 당신은 예수님에 대해 말할 수 있는 체험이 있습니까?

  ▸▸ 요한복음 4장 39절

3. 복음은 내 말을 하는 것이 아니라 성령이 충만한 사람이 하나님의 말씀을 전하는 것입니다.

  ▸▸ 요한복음 4장 41절

4. 복음은 모범된 삶, 감동적인 삶으로 전하는 것입니다.

  ▸▸ 마태복음 5장 16절

당신의 변화된 모습이 필요합니다. 변화되어 가는 모습이 필요합니다.

좋은 전도자가 되기 위해

1. 당신 자신을 돌아보십시오. 정직하게 점검하십시오. 10점을 기준
   으로 당신의 점수를 기록하십시오.

   ▸▸ 예수 그리스도의 마음이 있습니까? (마음) (   )

   ▸▸ 예수 그리스도의 사랑이 있습니까? (심장) (   )

   ▸▸ 예수 그리스도의 열정이 있습니까? (눈) (   )

   ▸▸ 예수 그리스도의 섬김이 있습니까? (손) (   )

   ▸▸ 예수 그리스도의 기도가 있습니까? (무릎) (   )

2. 디모데후서 2장 1-5절을 읽고 좋은 전도자의 모습 네 가지를 기록
   하십시오.

....

....

....

....

마무리하면서

1. 새롭게 배우고, 새롭게 깨닫고, 새롭게 느낀 점을 나누십시오.

....

....

....

2. 당신 주변의 전도 대상자를 모두 기록해 보십시오.

....

....

....

3. 사도행전 1장 8절을 암송하십시오.

"오직 성령이 너희에게 임하시면 너희가 권능을 받고 예루살렘과 온 유대
와 사마리아와 땅 끝까지 이르러 내 증인이 되리라 하시니라"(행 1:8).

13 우리의 원수

전세계를 다니시면서 '기도 전략'을 가르치시
는 룻 쉰네스 목사님은 그의 책『하늘을 여는
기도』에서 이렇게 말하고 있습니다.
"나는 전쟁 중에 있었다. 적들은 나의 마음
안에 견고한 진을 구축하려고 시도하였고, 나
는 주야로 시험을 당하였다 … 나는 승리를
위하여 계속 기도하였으며, 그것은 꼭 이루어
야 할 확실한 사역이었다."
깨어서 영적전쟁을 하고 있는 목사님의 말씀
입니다. 우리는 하나님의 군사입니다. 군사는
원수와 싸우는 사람입니다.

사탄의 기원

1. 사탄은 원래 어떤 존재였습니까?

   ▶▶ 이사야 14장 12절

   ....

   ....

2. 이사야 14장 13-14절에 나오는 사탄의 고백에만 O표 하십시오.

   ▶▶ 내가 하늘에 올라 (　　　)

   ▶▶ 나의 보좌를 높이리라 (　　　)

   ▶▶ 내가 북극 집회의 산 위에 좌정하리라 (　　　)

   ▶▶ 가장 높은 구름에 올라 (　　　)

   ▶▶ 지극히 높은 자와 비기리라 (　　　)

사탄의 이름과 하는 일

1. 다음 말씀에 나오는 사탄의 이름들을 기록하십시오.

   ▶▶ 요한계시록 12장 9절

   ....

   ....

   ▶▶ 마태복음 9장 34절

   ....

   ....

2. 사탄이 하는 일들을 기록하십시오.

▸▸ 마태복음 4장 1-3절

▸▸ 사도행전 10장 38절

▸▸ 히브리서 2장 14절

귀신의 이름과 하는 일

1. 귀신의 우두머리는 누구입니까?

▸▸ 마태복음 25장 41절

▸▸ 마태복음 9장 34절

2. 귀신의 이름들을 기록하십시오.

▸▸ 누가복음 13장 11절

▶▶ 마가복음 9장 25절

▶▶ 마가복음 1장 23절

▶▶ 마태복음 12장 22절

▶▶ 디모데전서 4장 1절

▶▶ 요한계시록 18장 2절

3. 귀신이 하는 일들을 기록해 보십시오.

▶▶ 마가복음 5장 2절

▶▶ 누가복음 13장 16절

▶▶ 마태복음 12장 43-45절

▶▶ 디모데후서 1장 7절

무장하기

1. 성령 충만함으로 무장해야 합니다.

▶▶ 에베소서 6장 10절

2. 하나님의 전신갑주로 무장해야 합니다.

▶▶ 에베소서 6장 11절

3. 전신갑주로 무장한다는 것은 무엇입니까?

▶▶ 에베소서 6장 14절

▶▶ 에베소서 6장 15절

▸▸ 에베소서 6장 16절

▸▸ 에베소서 6장 17절

대적하기

1. 마귀를 대적하는 것은 두 가지입니다.

▸▸ 야고보서 4장 7절

2. 사탄을 믿음으로 결박해야 합니다.

▸▸ 마태복음 12장 29절

3. 예수님의 이름으로 묶여있는 사람을 풀어 주어야 합니다.

▸▸ 마태복음 18장 18절

1. 새롭게 배우고, 새롭게 깨닫고, 새롭게 느낀 점을 나누십시오.

2. 당신의 삶 안에 있는 사탄의 세력과 싸워야 할 부분을 나누어 보십시오. 그리고 함께 기도하십시오.

3. 야고보서 4장 7절을 암송하십시오.

"그런즉 너희는 하나님께 순복할지어다 마귀를 대적하라 그리하면 너희를 피하리라"(약 4:7).

메모란
Life in Gospel

메모란
Life in GOspel

메모란
Life in GOspel

메모란

Life in Gospel

메모란
Life in GOspel

메모란

Life in GOspel